www.gev.be
buchverlag@grenzecho.be

Konzept, Text, Skribbles: Willi Blöß
Zeichnungen: Annette Schulze-Kremer
Colorierung: Andrea Naumann, Ada, Repicky,
Annette Schulze-Kremer, Willi Blöß

ISBN 978-3-86712-082-1
D/2013/3071/9

Printed in EU

Willi Blöß & Annette Schulze-Kremer

AACHEN

Die Geschichte einer großen Stadt

GEV COMIC

Nur wer seine eigene Welt
sich zimmert,
dem bleibt sie ewig jung.
Immer weiter, unbekümmert:
Leben heißt Eroberung.

Walter Hasenclever, 1910

Wie es begann...
...weiß keiner mehr so genau.
ber man vermutet, dass bereits in der
teinzeit (ab 2700 v. Chr.) am Lousberg,
m Königshügel und am Schneeberg organi-
erter Feuersteinabbau betrieben wird.
Ein Hügelgrab am Klausberg lässt auf die Besiedelung
während der Bronzezeit (ab 1600 v. Chr.)
schließen.
ie Kelten (Blütezeit 400 v. Chr.) verfahren
ı sumpfigen Aachener Talkessel mit den
ißesten Quellen Mitteleuropas
iber 70°Celsius)
ıf eher un-
petitliche Art:
ı Ehren des
uellgottes
rannus ver-
ıischt sich
ıs Wasser
ıit den Ein-
weiden ge-
ferter
ähne und
änse.
Die Keltische Bärin,
Begleiterin der
Ardennengöttin
Artio, ist als
"Aachener Wölfin"
am Dom zu be-
wundern.

Im GALLISCHEN KRIEG (58-51 v. Chr.) unterwirft Caesar die Kelten.
Zur Erholung der Legionäre werden im Posten "Aquisgranum" in der Provinz Niedergermanien prächtige Militärbäder (Thermen) errichtet.
AQVIS GRANUM
Ein Bad am Büchel, die Therme unter dem heutigen Dom und das Schwertbad in Burtscheid werden den Römern zugeschrieben.
Klang -Klong
Am Ende des 4. Jahrhunderts zerfällt das Römische Reich. Die Germanische Völkerwanderung setzt ein.
Vom Maastal, entlang der alten Römerstrecke Lüttich-Aachen-Jülich, breitet sich das Christentum aus.

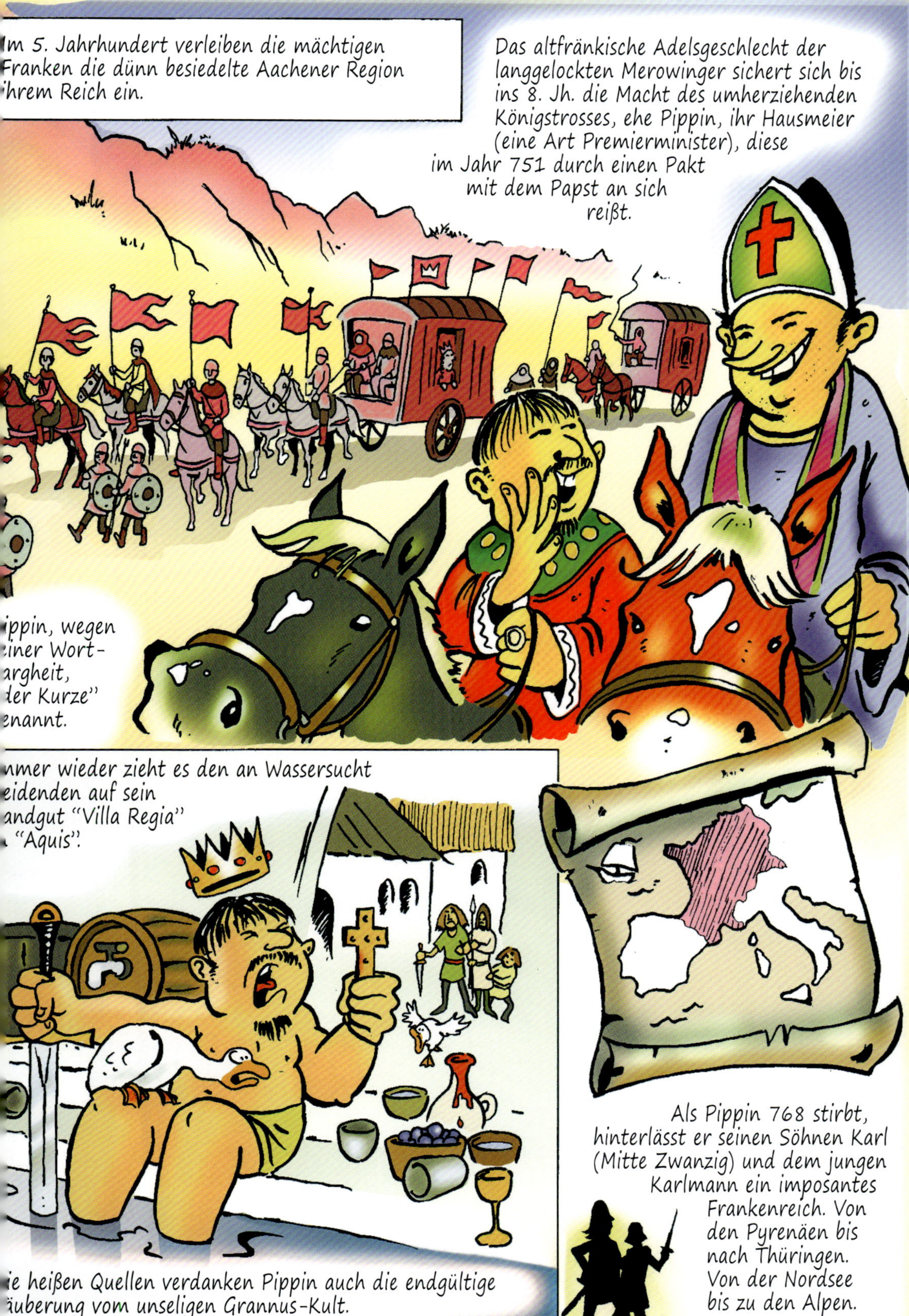

Im 5. Jahrhundert verleiben die mächtigen
Franken die dünn besiedelte Aachener Region
ihrem Reich ein.
Das altfränkische Adelsgeschlecht der langgelockten Merowinger sichert sich bis ins 8. Jh. die Macht des umherziehenden Königstrosses, ehe Pippin, ihr Hausmeier (eine Art Premierminister), diese im Jahr 751 durch einen Pakt mit dem Papst an sich reißt.
ippin, wegen iner Wort-argheit, der Kurze" enannt.
mmer wieder zieht es den an Wassersucht eidenden auf sein andgut "Villa Regia" "Aquis".
ie heißen Quellen verdanken Pippin auch die endgültige äuberung vom unseligen Grannus-Kult.
Als Pippin 768 stirbt, hinterlässt er seinen Söhnen Karl (Mitte Zwanzig) und dem jungen Karlmann ein imposantes Frankenreich. Von den Pyrenäen bis nach Thüringen. Von der Nordsee bis zu den Alpen.

Nach dem frühen Tod Karlmanns ist

Karl der Große

ab 771
alleiniger Herrscher des Reiches.

Ständig ist er unterwegs. Um Recht zu sprechen, Steuern einzutreiben oder Soldaten zu rekrutieren. Seine Erlasse sind in einer heute noch erhaltenen Handschrift, den Kapitularien, nachzulesen.

Und kein Jahr ohne Krieg. Die grausame Unterwerfung der Sachsen zieht sich 30 Jahre hin. Karl stürzt ihr Heiligtum, die Irminsäule, und lässt den Anführer Widukind taufen.

In der Puszta erbeutet man den legendären Schatz der Awaren, eines Hunnenvolkes. 16 Pferdegespanne werden mit Kostbarkeiten beladen.

In Oberitalien werden die Langobarden besiegt.

Bei einem Rückzugsgefecht gegen die Waskonen (Basken) in Nordspanien wird 778 Karls Vertrauter Roland (eigentlich: Hruotland) getötet und in der Folgezeit durch Heldenlieder und Roland-Säulen verklärt.
794 lässt Karl sich für die letzten 20 Jahre seines Lebens in Aachen nieder, das als Hauptresidenz einen ungeheuren Aufschwung erlebt.
Am Platz des heutigen Rathauses entsteht der Königspalast. Im Granusturm, dem ältesten noch erhaltenen Bauwerk, ist Karls Schlafzimmer.
Grundstein für den späteren Dom ist eine prächtige Pfalzkapelle mit achteckigem Innenraum (Oktogon).
Das Kaiserbad am Büchel bietet Platz für 100 Badende.

Gelehrte und Künstler aus aller Welt zieht es an den Hof. Alkuin aus York wird Karls Berater und Gründer der Hof-schule. Pilgergeschenke aus Jerusalem begründen den Reliquienkult.
Während eines Rombesuchs im Jahr 800 krönt der Papst den gar nicht so erfreuten Karl zum Kaiser, um sich seines Schutzes zu versichern.
Einhard, Karls Biograf, berichtet von der "Vielweiberei" des Kaisers. Der unüber-schaubaren Kinder-schar.
Von der Jagd in den Ardennen-wäldern.
Vom weißen Elefanten in Aachen. Einem Geschenk des Kalifen von Bagdad.
Von Karls Wutausbrüchen, seiner eisernen Gesundheit und seiner Bildung. Laut Einhard konnte Karl sehr wohl lesen und schreiben.
Und er war wirklich groß. Etwa 1,80 m.
Am 28.1.814 stirbt Karl der Große. Über 70 Jahre alt. Er wird in der Pfalzkapelle beigesetzt.

Im neunten Jahrhundert sorgen zerstrittene Erben und aufständige Stammesfürsten für die Zersplitterung der einstigen Großmacht.
WEST-FRANKEN (späteres Frankreich)
OST-FRANKEN (späteres Deutsches Reich)
Die von der Nordsee über Maas und Rhein vordringenden
Normannen
stoßen kaum auf Widerstand. 881 plündern sie Aachen. Sie verwüsten Pfalz und Kaiserbad. Das Oktogon dient ihnen als Pferdestall.

Je chaotischer es im Reich zugeht, desto mehr ist den neuen Herrschern daran gelegen, sich im Glanz des verehrten Vorgängers zu sonnen. Ein regelrechter Karlskult setzt ein.

Im Jahr 936 wählt Otto der Erste Aachen, Karls Lieblingsresidenz, zur Krönungsstätte.
Bis 1531 folgen über 30 Könige seinem Beispiel.

Auch Otto III. will seine Verbundenheit demonstrieren. Im Jahr 1000 öffnet er theatralisch Karls Grab und entnimmt diesem ein Kreuz und einen Talismann.

Friedrich I., wegen seines roten Bartes Barbarossa genannt, lässt Karl 1165 heiligsprechen und stiftet den Barbarossaleuchter, der die Mauern Jerusalems darstellt.

1215 erfolgt die Umbettung des Leichnams in den imposanten Karlsschrein.

Mit dem seit 1950 jährlich verliehenen Karlspreis pflegen Politiker noch heute den medienwirksamen Kult

Als Friedrich Barbarossa Aachen 1166 zur Reichstadt erklärt, wird eine erste, 2,5 Km lange
Stadtmauer
errichtet.
Diese verhindert 1248 zunächst, dass sich der Gegenkönig Wilhelm von Holland krönen lassen kann.
Erst als er einen Bach staut und die Straßen unter Wasser setzt, ergeben sich die königstreuen Aachener.
Auch 1278 erweist sich die Stadtmauer als wirkungslos. Verräter öffnen dem Grafen von Jülich das Kölntor. Doch aufgebrachte Anwohner töten den Eindringling und dessen Söhne und schlagen über 400 Reiter in die Flucht.
Das Denkmal vom "Wehrhaften Schmied" in der Jakobstraße erinnert an das Selbstbewusstsein der Bürger gegenüber fürstlicher Willkür.

Zu den festlichen Höhepunkten des Mittelalters gehören die in Aachen abgehaltenen
Königskrönungen
mit Thronbesteigung und Krönungsmahl im Kreis der Kurfürsten und die
Heiligtumsfahrten.
Pilger aus allen Teilen Europas bestaunen die dem Marienschrein entnommenen heiligen Reliquien.
Windeln und Lendentuch Jesu, ein Kleid Marias, das Enthauptungstuch von Johannes dem Täufer.
Einige Bauphasen des Doms
1669
1884
Oktogon 805
Chorhalle 1414
1788
Nach der großen Pest finden die Heiligtumsfahrten ab 1347 alle sieben Jahre statt.
Die Resonanz ist überwältigend. Das Gedränge unbeschreiblich.
1414 erfolgt die Erweiterung der gedrungenen Pfalzkapelle Karls durch die hohe gotische Chorhalle, dem "Glashaus" Aachens.

1147 ruft Bernhard von Clairvaux in Aachen zum 2. Kreuzzug, zur Befreiung Jerusalems, auf.
1190 ertrinkt Friedrich Barbarossa während einer dieser wenig ruhmreichen Unternehmungen.
Doch die vielen sich in der Stadt ansiedelnden Orden (Franziskaner, Dominikaner, Augustiner, Johanniter, Karmeliter...) kümmern sich auch um die Kranken, Armen und Alten. Unterernährung, Überbevölkerung und schlimme sanitäre Zustände lassen immer wieder Epidemien ausbrechen, deren Opfer in ausgelagerten Seuchenhäusern untergebracht werden.
Das erste richtige Krankenhaus entsteht 1336 am Münsterplatz, dort, wo sich heute die Sparkasse befindet.

Für Aachens wirtschafliche Blüte im Mittelalter sorgt der Status der "Freien Reichsstadt", 1336 noch ausgedehnt auf die umliegenden Ländereien, wodurch der Begriff vom "Aachener Reich" geprägt wird.
Die fast 20.000 Einwohner zählende Stadt schützt nun eine zweite, äußere Stadtmauer mit elf Toren, von denen Pont- und Marschiertor heute noch erhalten sind.
Durch rege Kaufmannstätigkeit werden Aachener Tuche bald im ganzen Reich bekannt. Die Wolle liefert das benachbarte Limburg.
Gewaschen wird im heißen, kalkfreien Quellwasser. Veredelt im Walk- oder Komphaus. In Wurm, Pau und Johannisbach wird gespült und man nutzt die Antriebskraft der Bäche.
Ein zweites Standbein ist die Metallverarbeitung in Pulvermühlen und Schmelzöfen. Geräte aus Messing und Kupfer werden zu gefragten Handelsgütern.
Eindrucksvolle Beispiele Aachener Handwerkskunst sind Karls- und Marienschrein, der Barbarossaleuchter...
... und die Bronzetüren des Doms.

Bereits im 14. Jahrhundert versteht man sich in Aachen auf das Ziehen von Nadeln aus Messing-draht.
Der zum Sortieren benutzte kleine Finger, der "Klenkes", wird zum typischen Aachen-Gruß.
Im Jahr 1330 übernimmt die bürgerliche Aristokratie den baufälligen Königspalast und baut ihn zum neuen Rathaus um.
Ihr Selbstbewusstsein spiegelt sich in der Betonung der Fassade zum Markt hin wider.
URBS AQUENSIS
URBS REGALIS
REGNI SEDES PRINCIPALIS
Versuche der geknechteten Handwerker, sich in Zünften (oder "Gaffeln") zu organisieren, werden nicht selten durch Hinrichtungen unterbunden.
Inmitten vornehmer Patrizierhäuser wird die bereits 1200 getextete Karlshymne populär:
"Aachen, du königliche Stadt und erster Sitz des Reiches..."
Erst 1450 räumt die herrschende Kaufmanns- und Grundbesitzerschicht ihnen mit dem "Gaffelbrief" ein Stimmrecht im Rat ein.

Zu Beginn des 16. Jh. ist es vorbei mit Aachens Herrlichkeit.
Die Niederlande lösen sich vom deutschen Reich.
Der Zentrale Ort ist nun Frankfurt am Main.
1531 findet die letzte Krönung in Aachen statt.

Im Zuge der Glaubenskriege während der Reformationszeit sorgen vertriebene Kalvinisten und selbstbewusste Protestanten in Aachen für Unruhe.

Im Jahr 1611 stürmen evangelische Bürger das Rathaus.

Der spanische General Spinola, im Dienst des Habsburgerkönigs Matthias, belagert die Stadt und setzt den katholischen Rat wieder ein.

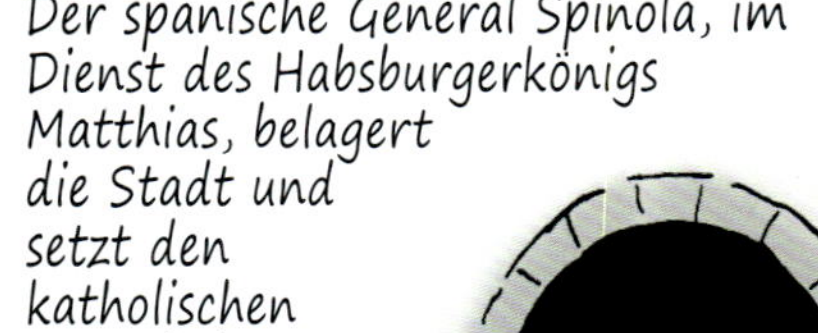

Bis 1632, über 20 Jahre, kontrollieren spanische Truppen die Stadt.

Zu weiteren Einquartierungen und Plünderungen kommt es während des Dreizigjährigen Kriegs (1618-1648).

1656 zerstört ein verheerender Stadtbrand fast die gesamte mittelalterliche Stadt. Ausgangspunkt ist ein Feuer in einer Bäckerei. 17 Menschen kommen ums Leben.

Köln und Maastricht helfen beim Wiederaufbau.
Es darf nur noch in Stein gebaut werden und das typische Aachener Drei-Fenster-Haus erweist sich als schnelle und sparsame Lösung.

Zum Zeichen des erfolgreichen Aufbaus besiegelt der Erzbischoft 1668 die Verträge zwischen Frankreich und Spanien im neuen Haus des Bürgermeisters ("Erster Aachener Friede").

Was das Feuer zerstört, muss das Wasser wieder aufbauen!
François Blondel 1613-1703
Dank der populären Schriften des Badearztes Blondel wird Aachen im 18. Jh. zum Modebad Europas.
Die Komphausbadstraße wird zu einer großzügigen Bäderstraße ausgebaut.
Der Adel amüsiert sich in Kurgärten, vornehmen Herrenbädern, literarischen Cafés, Hotels und in der Redoute mit Ballsaal, Glücksspiel und Wandelhallen.
Rheuma und Gicht werden behandelt. Sowie die grassierende Syphilis (mit qualvollen Quecksilberkuren).
Flirt a
Trin
brunn
Das Anlegen der Schröpfköpfe
Auch Casanova wird angelockt.
Wegen hoher Spielschulden entschließt e
sich jedoch zu einer übereilten Abreis

Mit 26 Jahren, ein Alter, wo man eigentlich anderes im Kopf hat, entwirft der spätere Stadtbaumeister Johann Joseph Couven (1701-1763) die neue Barockfassade des Rathauses nebst Freitreppe.
Auch die Abteikirche St. Johann in Burtscheid entsteht nach seinen Entwürfen.
Oder das ab 1786 vom Apotheker Monheim bewohnte Haus am Hühnermarkt, das heute als Couven-Museum dient.
ROCK ME AMADEUS
Der "Aachen-Lütticher"-Stil findet weltweite Beachtung und auch bei der Möbelgestaltung zeigt sich Couvens typische Verbindung von wuchtigem Barock und verspieltem Rokoko.

Der als "Mäkelei" bekannt gewordene Zwist zwischen sturen Zünften und geltungssüchtigen Politikern droht zu eskalieren, da besetzen französiche Truppen überraschend die Stadt (1792).

Aachen wird zur Hauptstadt des Roer-Departements das die Verfechter der französischen Revolution als Bollwerk gegen Preußen und Österreich errichten.

LIBERTE EGALITE FRATERNITE

Fies Lampethres!

Vive L'Emperesse!

Napoleon ist fasziniert vom geschichtsträchtigen Aachen. Die Bewohner reagieren eher störrisch.

Viele Kirchenleute verlassen fluchtartig die Stadt.

Sowie die Einführung des Dezimalsystems.

100
20

Die Kontinentalsperre gegen Waren aus England...

Saukäs!

What the..

... stabilisiert kurzzeitig Aachens Wirtschaft.

Vom fernen Berlin aus überwacht der preußische Oberbaurat KARL FRIEDRICH SCHINKEL den Bau des klassizistischen Stadttheaters (1825) und des Elisenbrunnens (1827).
Doch während der Printenbäcker Balthasar van Rey den Alltag der Müßiggänger versüßt, bestimmen im Zuge der Industrialisierung zunehmend Fabrikbauten das Bild.
1841 macht sich der Kaufmann David Hansemann (1790-1864) um den Anschluss Aachens an das entstehende Eisenbahnnetz verdient.
Ein technisches Meisterwerk: der Eisenbahn-Viadukt über das Burtscheider Tal.
5.000
Die 1824 von Hansemann gegründete "Aachener Feuerversicherungsgesellschaft" (heute: Aachener und Münchener Versicherung AG) spendet dem preußischen Kronprinzen 1858 fünftausend Taler.
Dank dieser Spende können 1870 (mitten im Krieg gegen Frankreich) 32 Lehrkräfte und 233 Studenten den Lehrbetrieb an der ersten technischen Hochschule des Landes aufnehmen.

Die Angst vor den arbeitsplatzbedrohenden Maschinen entlädt sich 1830 gegen den englischen Fabrikanten James Cockerill, der mit knapper Not aus seinem Haus am Friedrich-Wilhelm-Platz entkommt.
Vür sönd allemoele Öcher Jonge!
Das Freiheitsgefühl der 1848er-Revolution und der Unmut gegen die preußische Bevormundung heizen die Stimmung zusätzlich an.
Dampfmaschine
Immerhin ehrt man den 1. Kanzler des Deutschen Reichs von 1871, der als 22-jähriger Referendar Aachen unsicher gemacht hat, mit dem Bismarck-Turm im Stadtwald.
1883 zerstört ein Brand das Dach des Rathauses. Die kostbaren Fresken im Krönungssaal bleiben unversehrt.
Ihr unglücklicher Schöpfer Alfred Rethel ist 1852 bei der Arbeit wahnsinnig geworden.
Sein Gehilfe Joseph Kehren vollendet das Werk.

Auffallend viele Fabrikantentöchter bemühen sich, den Opfern der ungezügelten Industrialisierung zu helfen.
Z.B. Franziska Schervier (1819-1876), die Ordensgründerin und später selig gesprochene "Mutter der Armen".
1850 legt Julius Reuter in der Pontstr. 117 mit 40 Brieftauben den Grundstein für die bald weltberühmte Londoner Nachrichtenagentur "Reuters".
Aachens Weg ins 21. JH
Eine Comic-Chronik
Stadteinwärts, in der Nr. 13, ist das Zeitungsmuseum, das auf Oscar vo
Forckenbecks 1890 begon
nene Sammlung zurückgeh
Doch während der Weltwirtschaftskrise weckt das Prachtkaufhaus "Tietz" am Markt (1906 erbaut, 1965 abgerissen) immer öfter ungestillte Sehnsüchte.
1905 verlässt der 19-jährig
Ludwig Mies van der Rohe seine Geburtsstadt, um in Dessau, Berlin und Chicago als Architekt Karriere zu machen.
Von kurzer Dauer ist der Glanz des zoologischen Gartens im Westpark.
Oder die Existenz der in Aachen produzierten Automarke "Fafnir".
AC-1

Im 1. Weltkrieg (1914-18) schockiert besonders der brutale deutsche Überfall auf das neutrale Belgien.

Allein der Elektrozaun, der die Flucht nach Holland vereiteln soll, kostet über 1000 Belgier das Leben.

1930 erhält Aachen einen Bischofssitz.
Doch die Katastrophe des 2. Weltkriegs ist nicht mehr aufzuhalten.
Immer mehr Aachener werden Mitglied der NSDAP.
1.345 jüdische Mitbürger werden terrorisiert.
Ihre Geschäfte, ihr Besitz arisiert.
Der in Aachen geborene Schriftsteller Walter Hasenclever nimmt sich 1940 in einem Internierungslager in Frankreich das Leben.
1938 brennt die Synagoge in der Promenadenstraße.
Juden Raus!
Talmud-Gauner!!
74 Luftangriffe während der Jahre 1939 bis 44 zerstören zwei Drittel der Stadt.
143.000 Menschen werden evakuiert.

Hemingway, als Kriegsberichterstatter im Hürtgenwald, sieht, dass der Westwall kein großes Hindernis darstellt.

1944 beendet die Kapitulation von Oberst Wilck die mehrwöchige Kesselschlacht um Aachen.

Eupener 251 Straße

Doch noch vor dem Ende des Kriegs sorgt ein über Gemmenich abgesprungenes Werwolfkommando für die Ermordung des engagierten Rechtsanwalts.

Nach dem Krieg ist Kaffee in Belgien spottbillig, in Deutschland jedoch unerschwinglich. An Aachens Grenzen blüht der Schmuggel. Die Zöllner erhalten Schießbefehl und es kommt zu James-Bond-würdigen Aktionen.

Erst das 1953 geänderte Steuergesetz entspannt die Lage an der Kaffee-Front. Fortan gilt es, die Grenzen mit friedlichen Mitteln zu überwinden.

Ausgehend von der britischen Militärregierung wird Halifax in England bereits 1948 Partnerstadt Aachens. Es folgen Reims (Frankreich), Toledo (Spanien), Ningbo (China), Naumburg (DDR), Arlington (USA), Kostroma (Russland) und Sariyer (Türkei).

Für internationale Aufmerksamkeit sorgt das CHIO, das jährlich in der Soers veranstaltete Reit-, Spring- und Fahrturnier.

Neben dem Karlspreis wird seit 1950 der Orden "Wider den tierischen Ernst" verliehen.

Die größte Heiterkeit lösen dabei oft die seltsamen Nominierungen des Aachener Karnevalvereins aus.

1969 wird Alemannia Aachen Zweiter in der Fußball-Bundesliga hinter Bayern München. In der nächsten Saison folgt jedoch schon der Abstieg.

Seit 1976 rollt die Kugel im Spielcasino an der Monheimsallee.

Die medizinische Fakultät der Hochschule schmückt sich seit 1984 mit dem hochmodernen Klinikum.

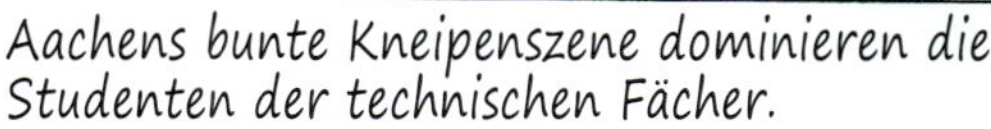

1991 wird das "Ludwig Forum für Internationale Kunst" in der Jülicher Straße eröffnet.

Die Sammlung des Aachener Schokoladenfabrikanten Peter Ludwig (1925-1996) wird sich auf 19 Museen in 5 Ländern verteilen.

Das LUFO fest in der Hand der "Supermarket Lady" (Plastik von Duane Hanson)

Der grenzüberschreitende Euregio-Verbund inspiriert Planer und Visionäre.

Teil 2 dieser Chronik, in 1000 oder 2000 Jahren, mit relativierendem zeitlichen Abstand, wird zeigen, was bleibt.

Dies ist jedenfalls noch lange nicht das **ENDE**

Zeittafel

Anfänge (ca. 2.700 v. Chr. bis Ende 5. Jh. n. Chr.)
Stein-, Bronzezeit
Kelten
Römer (Militärbäder)

Frühmittelalter (ca. 500 bis 1050)
Franken, Merowinger, Karl der Große
Normannen
Königskrönungen

Hochmittelalter (ca. 1050 bis 1250)
Stadtmauer
Tuch-, Metallhandwerk

Spätmittelalter/frühe Neuzeit (ca. 1250 bis Ende 18. Jh.)
Heiligtumsfahrten
Epidemien
Spanier in Aachen
Stadtbrand
Modebad

Franzosenzeit (1792-1814)
Roer-Departement

Preußenzeit/Industrialisierung (1814-1914)
Arbeiteraufstand
Eisenbahn
Polytechnikum (TH)

Zwanzigstes Jahrhundert
belgische Besatzung nach 1. Weltkrieg
Judenverfolgung/ 2. Weltkrieg
Bombardierung
Schmugglerzeit
Klinikum
Ludwig Forum
Euregio-Verbund

Benutzte Literatur (Auswahl):

- Bernhard Poll: "Geschichte Aachens in Daten", Aachen 1965
- Walter Kaemmerer: "Geschichtliches Aachen", Aachen 1967
- Wolfgang Trees: "Kaffee, Krähenfüße und Kontrollen", Aachen 1974
- Merian, Heft 1.77, Hamburg 1977
- Peter H. Loosen: "Aus dem alten Aachen", Aachen 1978
- Hans Hoffmann: "Aachens Dom im Feuersturm", Düsseldorf 1984
- Wolfgang Trees/Charles Whiting: "Die Amis sind da", Aachen 1984
- Dieter Wynands: "Kleine Geschichte Aachens", Aachen 1986
- Heinrich Gandelheid: "Aachener Ansichtskarten", Aachen 1987
- Manfred Bierganz/Annelie Kreutz: "Juden in Aachen", Aachen 1988
- Hans Siemons: "Kriegsalltag in Aachen", Aachen 1988
- Heinrich Gandelheid: "Alte Aachener Bilder", Aachen 1989
- Marianne Jungen: „Die Geschichte der Kaiserstadt Aachen von den Römern bis zur Neuzeit und vieles mehr“, Aachen 1995
- Bruno Lerho: "Aus alten Zeiten", Serie der Aachener Nachrichten, 1995

Zur Neuauflage

Die erste Version dieser Comic-Chronik erschien im Dezember 1999, kurz vor der Jahrtausendwende, unter dem Titel "Aachens Weg ins 21. Jahrhundert" im Verlag der Buchhandlung Schmetz am Dom und als Vorabdru in der Tageszeitung "Aachener Nachrichten". 14 Jahre sind seitdem vergangen und als die Idee einer Neuaufla aufkam, dachte ich spontan, dass sicher einiges an neuen Seiten nötig sei, um die jüngsten Ereignisse aufzunehmen.

Es ist jedoch bei der ersten Version geblieben.

Die große Ausholbewegung zum unterhaltsamen Anreißen der Epochen erscheint mir nach wie vor als gelunge Wann hat man das schon mal beim Betrachten eigener älterer Werke? Durch kurzlebige Sensatiönchen am En käme der Schwung nur ins Stocken. Auch aus Respekt vor den Vorgängergenerationen wollte ich uns Gegenwärtige nicht unangemessen in den Vordergrund stellen.

Aufgrund von Reaktionen weiß ich, dass besonders die Fans des Aachener Fußballvereins Alemannia dafür nic unbedingt Verständnis haben. Da hätten es schon einige Seiten Spielberichte und Analysen mehr sein dürfen. Angesichts des aktuellen Tiefpunkts in der 113-jährigen Klubhistorie (4. Liga) ist es aber vielleicht doch in Ordn dass ich mich kurzgefasst habe.

Ein paar kleine Textkorrekturen wurden vorgenommen. Diesbezüglich danke ich Herrn Willi Hermanns aus Inde für die Aufmerksamkeit. Nur den Keltengott Grannus erlaube ich mir weiter mit zwei "n" zu schreiben, obwohl anderenorts die Schreibweise mit einem "n" favorisiert wird, z.B. beim Granusturm oder bei einer Öcher Sprude marke. Schriftliche Belege gibt es erst seit dem 8. Jahrhundert, lange nach den Kelten und Römern für beide Versionen.

Erwähnt sei diesmal, weil es in der ersten Auflage vergessen wurde, dass die Illustration der "Supermarket Lad auf Seite 27 von Alfred Neuwald zur Verfügung gestellt wurde. Entnommen wurde sie dem Band "Comiczeichne und das Ludwig Forum" von 1992. Besten Dank.

Willi Blöß, Aachen, Mai 2013

"Der Comic, sonst gerne als Tummelplatz fantastischer Ausgeburten verschrien, präsentiert sich in der vorliegenden Ausgabe faktenorientiert, informativ und lehrreich, dabei mindestens so unterhaltsam wie ein Superhelden-Comic. Detailreiche Überzeichnung im Dienste bunter Lesbarkeit. Ich bin sicher, daß der Comic-Histographie in der großen Erzählung Geschichte, ein Platz gebührt – interessante Figuren gibt es jedenfalls genug."

Dr. Gregor Jansen, Kunstwissenschaftler;
promovierte 1998 in Aachen; unterrichtete bis 2005 in den Fachbereichen Bildwissenschaft und Medientheorie an der FH Aachen;
seit 2010 Direktor der Kunsthalle Düsseldorf

Annette Schulze-Kremer
Jahrgang 1967, kam 1989 zum Grafik-Designstudium nach Aachen.
Freiberufliche Illustratorin.
Lebt seit 1998 in Lichtenbusch, Belgien.
Als weitere Comic-Publikation von ihr liegt eine Biografie des Künstlers Andy Warhol aus dem Jahr 2002 vor (Reihe "Künstler-Biografien", Willi Blöß Verlag, 5. Auflage).

Willi Blöß
Jahrgang 1958, kam 1979 zum Architekturstudium nach Aachen. Arbeitete zwei Jahre als Architekt. Seit 1988 freiberuflicher Illustrator und Texter. 1992-96 Lehraufträge "Graphisches Erzählen" an der Fachhochschule Aachen, Bereich Design. In Zusammenarbeit mit Aachener Studenten und Illustratoren entstanden in dieser Zeit 6 längst vergriffene Comic-Sammelbände, 4 davon mit Aachen-Themen.
1999 bildete das hier nun wieder vorliegende Buch in Zusammenarbeit mit Annette Schulze-Kremer Höhepunkt und Abschluss des damit 5-bändigen Aachen-Komplexes.
Danach Konzentration der illustrativen Wissensvermittlung auf Künstler-Porträts (aktuell 22 Comic-Biografien lieferbar; Programm und Bezug: www.kuenstler-biografien.de; Deutscher Biografiepreis 2012 für die Reihe; Ende 2013 soll Band 23 über den Kriegsfotografen Robert Capa erscheinen).

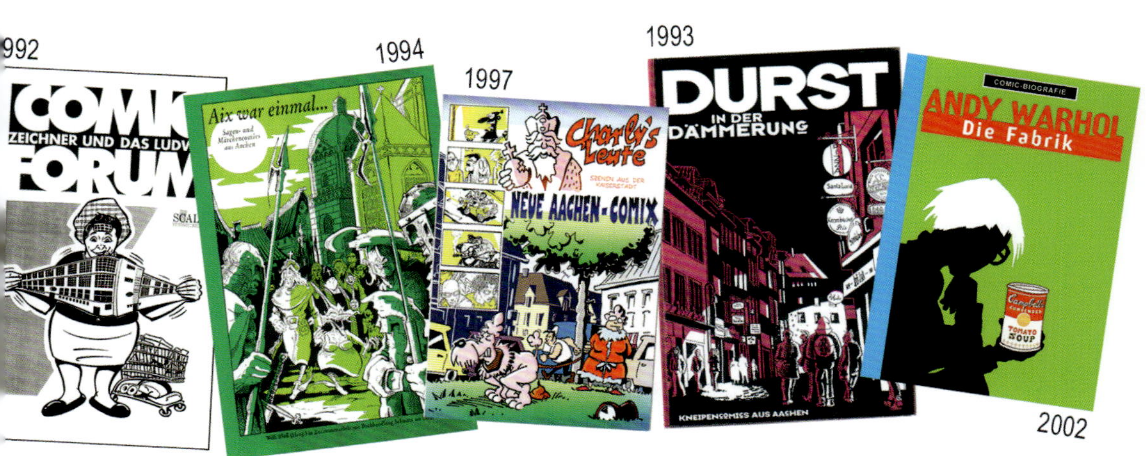